Impressum
Verlag: BABADADA GmbH, Nedderfeld 112 , 22529 Hamburg
Geschäftsführer / Verlagsleitung: Harald Hof
Druck: Books on Demand GmbH, In de Tarpen 42, 22848 Norderstedt

Imprint
Publisher: BABADADA GmbH, Nedderfeld 112 , 22529 Hamburg, Germany
Managing Director / Publishing direction: Harald Hof
Print: Books on Demand GmbH, In de Tarpen 42, 22848 Norderstedt

el colegio

escuela

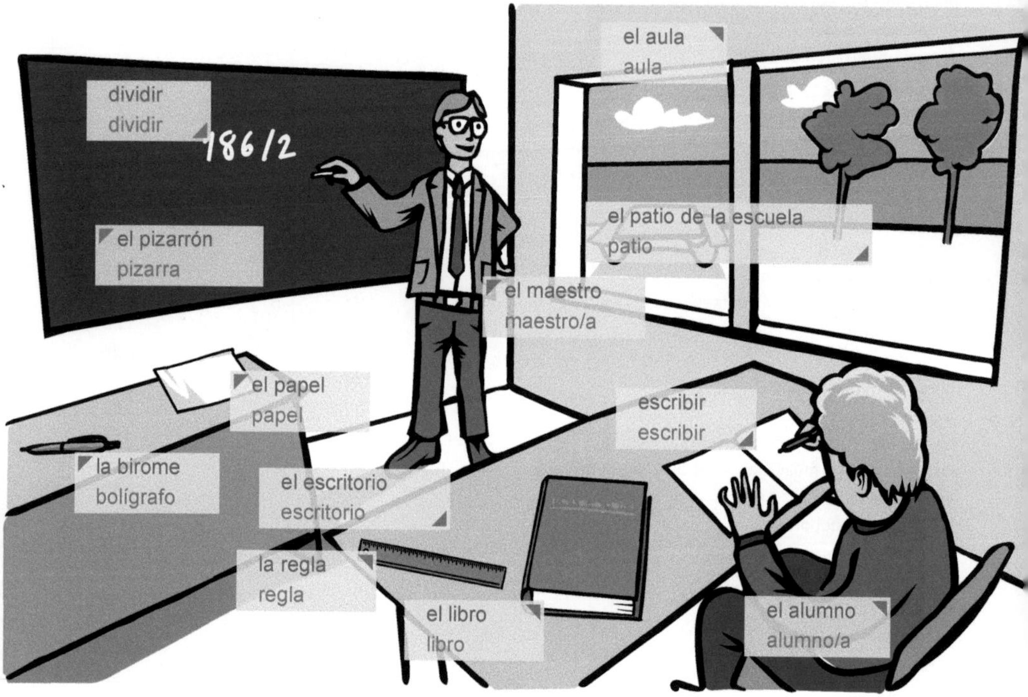
el aula
aula
dividir
dividir
186/2
el pizarrón
pizarra
el patio de la escuela
patio
el maestro
maestro/a
el papel
papel
escribir
escribir
la birome
bolígrafo
el escritorio
escritorio
la regla
regla
el libro
libro
el alumno
alumno/a

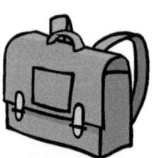

la mochila
cartera

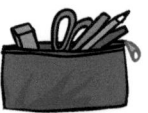

la caja de lápices
caja de lápices

el lápiz
lápiz

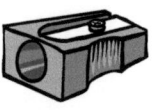

el sacapuntas
sacapuntas

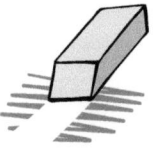

la goma (de borrar)
goma de borrar

el bloc de dibujo
cuaderno de dibujo

el dibujo

dibujo

el pincel

pincel

la caja de pinturas

caja de pinturas

la tijera

tijeras

el pegamento

pegamento

el cuaderno de ejercicios

cuaderno de ejercicios

la tarea

deberes

el número

número

sumar

sumar

restar

restar

multiplicar

multiplicar

calcular

calcular

la letra

letra

el abecedario

alfabeto

la palabra

palabra

el texto

texto

leer

leer

la tiza

tiza

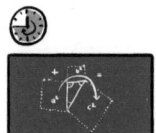

la lección

lección

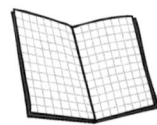

el cuaderno de clase

cuaderno de notas

el examen

examen

el certificado

certificado

el uniforme escolar

uniforme escolar

la educación

educación

la enciclopedia

enciclopedia

la universidad

universidad

el microscopio

microscopio

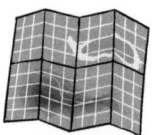

el mapa

mapa

el tacho (de basura)

papelera

el viaje
viaje

el hotel
hotel
Grand
el hostel
albergue
ROOMS
la casa de cambio
oficina de cambio de divisas
EXCHANGE
la valija
maleta
el auto
coche

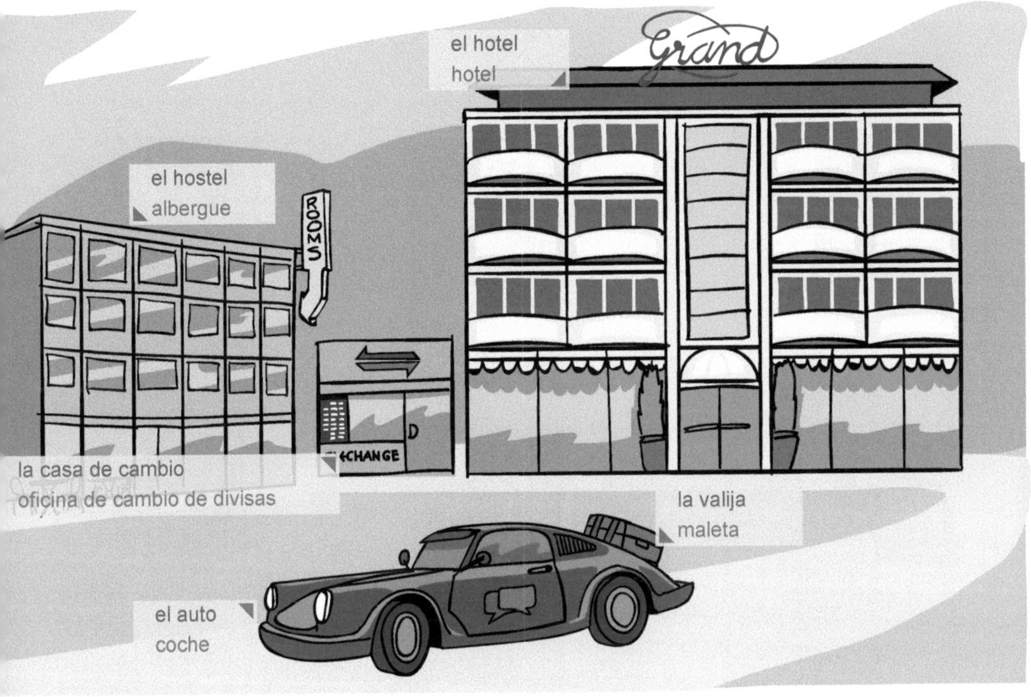

el idioma

idioma

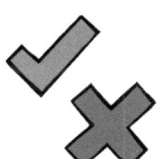

sí / no

sí / no

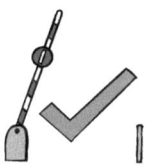

Está bien

Vale

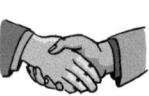

hola

hola

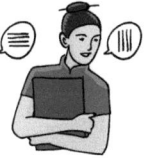

el traductor

traductor

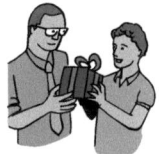

Gracias

Gracias

¿cuánto cuesta...?

¿cuánto es...?

No entiendo

No entiendo

el problema

problema

¡Buenas tardes!

¡Buenas tardes!

¡Buenos días!

¡Buenos días!

¡Buenas noches!

¡Buenas noches!

el adiós

adiós

la dirección

dirección

el equipaje

equipaje

el bolso

bolsa

la mochila

mochila

el invitado

invitado

la habitación

habitación

la bolsa de dormir

saco de dormir

la carpa

tienda de campaña

la información turística

información turística

la playa

playa

la tarjeta de crédito

tarjeta de crédito

el desayuno

desayuno

el almuerzo

almuerzo

la cena

cena

el pasaje

billete

el ascensor

ascensor

el sello

sello

la frontera

frontera

la aduana

aduana

la embajada

embajada

la visa

visa

el pasaporte

pasaporte

el transporte
transporte

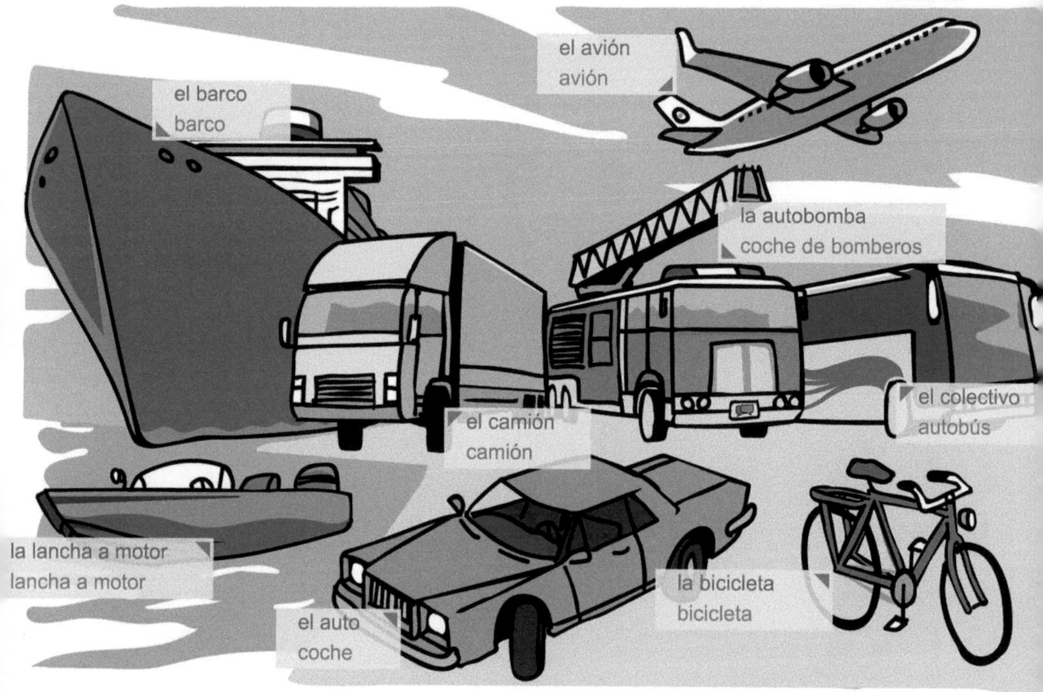

el avión
avión
el barco
barco
la autobomba
coche de bomberos
el colectivo
autobús
el camión
camión
la lancha a motor
lancha a motor
la bicicleta
bicicleta
el auto
coche

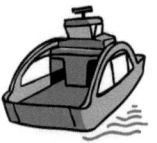

el ferry
transbordador

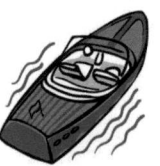

el bote
barca

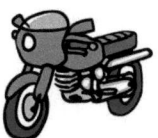

la moto
moto

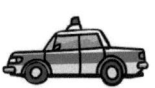

el patrullero
coche de policía

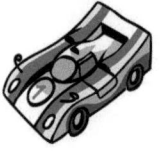

el auto de carreras
coche de carreras

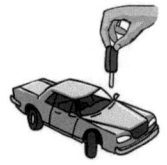

el auto de alquiler
coche de alquiler

el alquiler de autos

préstamo de vehículos

la grúa

grúa

el camión de la basura

camión de la basura

el motor

motor

la nafta

gasolina

la estación de servicio

gasolinera

la señal de tránsito

señal de tráfico

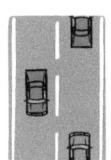

el tránsito

tráfico

el embotellamiento

atasco

el estacionamiento

aparcamiento

la estación de tren

estación de tren

las vías

vías

el tren

tren

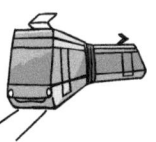

el tranvía

tranvía

el vagón

vagón

el helicóptero

helicóptero

el aeropuerto

aeropuerto

la torre

torre

el pasajero

pasajero

el contenedor

contenedor

la caja de cartón

caja de cartón

la carretilla

carretilla

la canasta

cesta

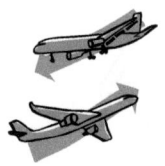

despegar / aterrizar

despegar / aterrizar

la ciudad

ciudad

el pueblo

pueblo

el centro de la ciudad

centro de ciudad

la casa

casa

el cine
cine

la publicidad
anuncio

CINEMA

el farol
farola

la calle
calle

el taxi
taxi

el kiosco
quiosco

el peatón
peatón

la vereda
acera

el paso peatonal
paso de cebra

contenedor de basura
ntenedor de basura

el cruce
cruce

el semáforo
semáforo

la cabaña

cabaña

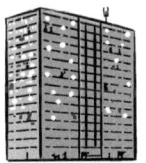

el departamento

apartamento

la estación de tren

estación de tren

la municipalidad

ayuntamiento

el museo

museo

el colegio

escuela

la ciudad - ciudad

la universidad

universidad

el banco

banco

el hospital

hospital

el hotel

hotel

la farmacia

farmacia

la oficina

oficina

la librería

librería

el negocio

tienda

la florería

floristería

el supermercado

supermercado

el mercado

mercado

las grandes tiendas

grandes almacenes

la pescadería

pescadería

el centro comercial

centro comercial

el puerto

puerto

el parque

parque

el banco

banco

el puente

puente

las escaleras

escaleras

el subte

metro

el túnel

túnel

la parada del colectivo

parada de autobús

el bar

bar

el restaurante

restaurante

el buzón

buzón

el letrero

poste indicador

el parquímetro

parquímetro

el zoológico

zoo

la pileta

piscina

la mezquita

mezquita

la granja

granja

la contaminación

contaminación

el cementerio

cementerio

la iglesia

iglesia

los juegos infantiles

patio de juego

el templo

templo

el paisaje

paisaje

la hoja
hoja

el poste indicador
señal

el camino
camino

la pradera
prado

la piedra
piedra

el árbol
árbol

el excursionista
excursionista

el río
río

la hierba
hierba

la flor
flor

el valle
·················
valle

la montaña
·················
colina

el lago
·················
lago

el bosque
·················
bosque

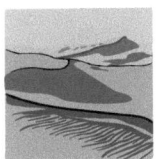

el desierto
·················
desierto

el volcán
·················
volcán

el castillo
·················
castillo

el arco iris
·················
arcoíris

el champiñón
·················
champiñón

la palmera
·················
palmera

el mosquito
·················
mosquito

la mosca
·················
mosca

la hormiga
·················
hormiga

la abeja
·················
abeja

la araña
·················
araña

el paisaje - paisaje

el escarabajo

escarabajo

la rana

rana

la ardilla

ardilla

el erizo

erizo

la liebre

liebre

la lechuza

lechuza

el pájaro

pájaro

el cisne

cisne

el jabalí

jabalí

el ciervo

ciervo

el alce

alce

la presa

presa

el aerogenerador

turbina eólica

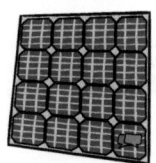

el panel solar

panel solar

el clima

clima

el restaurante
restaurante

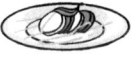

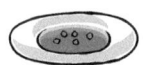

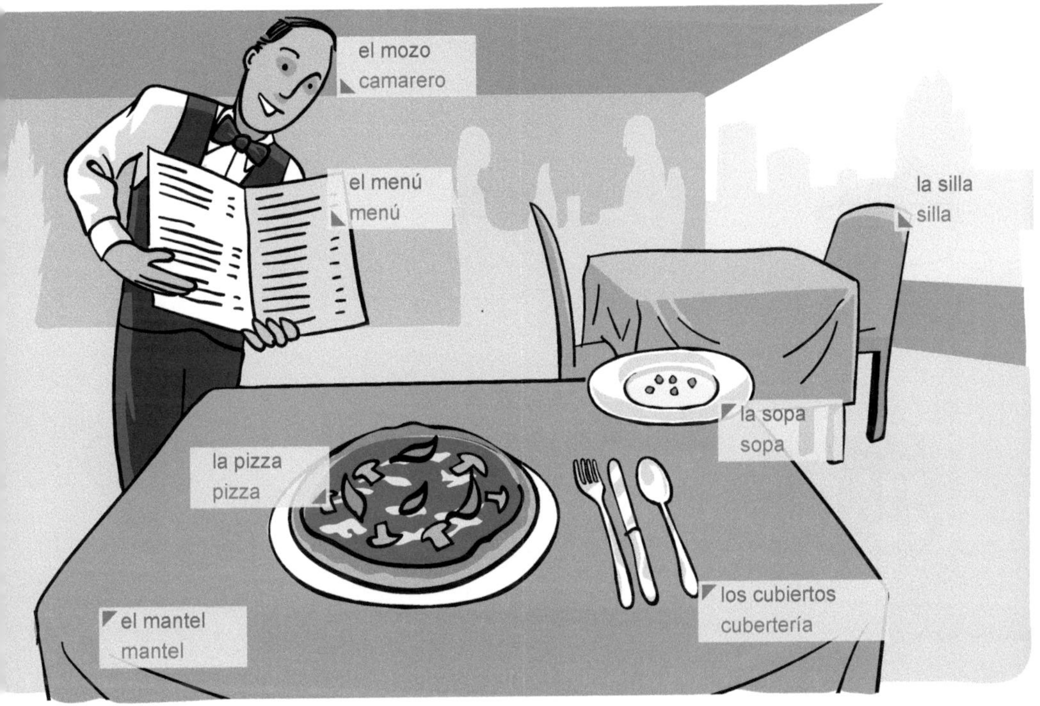
el mozo
camarero
el menú
menú
la silla
silla
la sopa
sopa
la pizza
pizza
los cubiertos
cubertería
el mantel
mantel

la entrada
primer plato

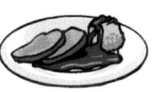

el plato principal
plato principal

el postre
postre

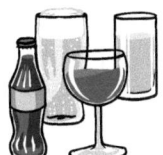

las bebidas
bebidas

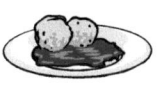

la comida
comida

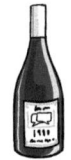

la botella
botella

la comida rápida

comida rápida

la comida callejera

comida callejera

la tetera

tetera

la azucarera

azucarero

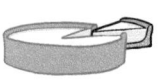

la porción

porción

la cafetera expreso

cafetera expreso

la sillita alta

trona

la cuenta

cuenta

la bandeja

bandeja

el cuchillo

cuchillo

el tenedor

tenedor

la cuchara

cuchara

la cucharita

cucharilla

la servilleta

servilleta

el vaso

vaso

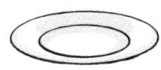

el plato

plato

el plato hondo

plato hondo

el plato

platillo

la salsa

salsa

el salero

salero

el molinillo de pimienta

molinillo de pimienta

el vinagre

vinagre

el aceite

aceite

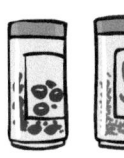

las especias

especias

el kétchup

ketchup

la mostaza

mostaza

la mayonesa

mayonesa

el supermercado
supermercado

la oferta especial
oferta especial
FOR
el cliente
cliente
los lácteos
lácteos
la fruta
fruta
el changuito
carro de la compra

BUTCHERS

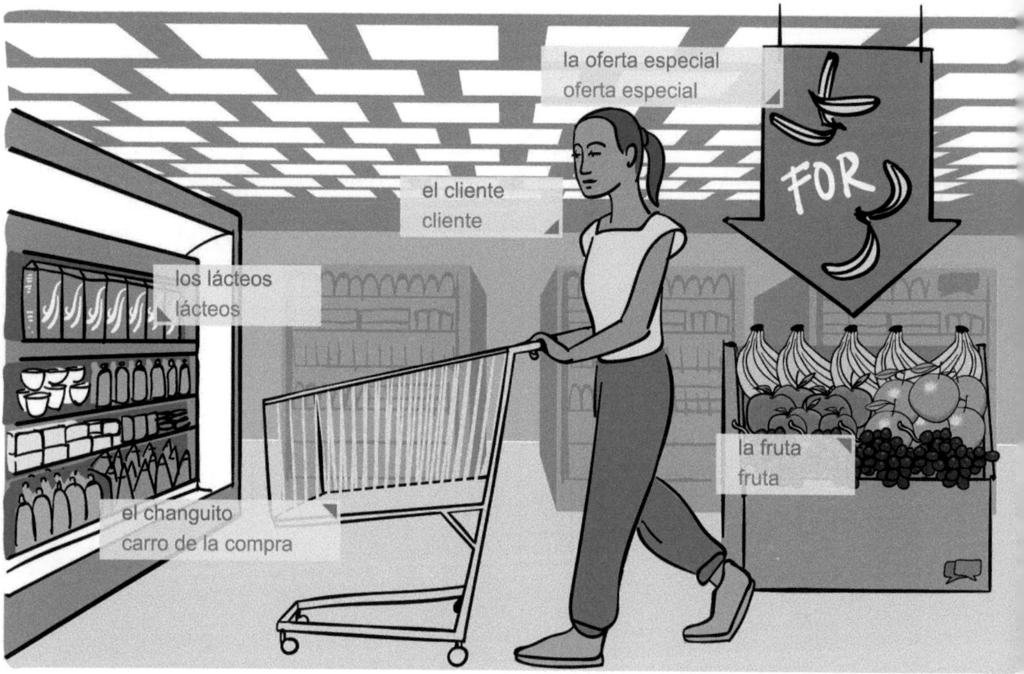

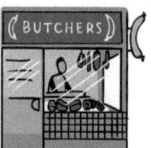

la carnicería

carnicería

BAKERY

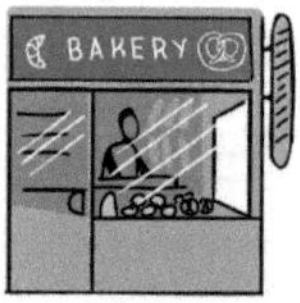

la panadería

panadería

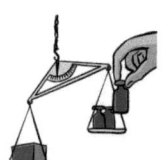

pesar

pesar

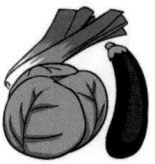

las verduras

verduras

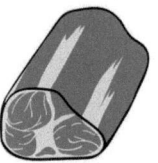

la carne

carne

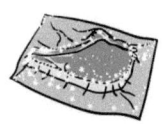

los alimentos congelados

alimentos congelados

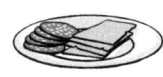

los fiambres

fiambres

los alimentos enlatados

conservas

el detergente en polvo

detergente en polvo

las golosinas

dulces

los electrodomésticos

productos de uso doméstico

los productos de limpieza

productos de limpieza

la vendedora

vendedora

la caja

caja

el cajero

cajero

la lista de compras

lista de la compra

el horario de atención

horario de atención al público

la billetera

cartera

la tarjeta de crédito

tarjeta de crédito

la cartera

bolsa

la bolsa de plástico

bolsa de plástico

bebidas

el agua

agua

el jugo

zumo

la leche

leche

la bebida cola

cola

el vino

vino

la cerveza

cerveza

el alcohol

alcohol

el cacao

cacao

el té

té

el café

café

el café expreso

expreso

el cappuccino

capuchino

la banana

plátano

la manzana

manzana

la naranja

naranja

el melón

melón

el limón

limón

la zanahoria

zanahoria

el ajo

ajo

el bambú

bambú

la cebolla

cebolla

el champiñón

champiñón

las nueces

avellanas

los fideos

fideos

los tallarines

espagueti

el arroz

arroz

la ensalada

ensalada

las papas fritas

patatas fritas

las papas fritas

patatas fritas

la pizza

pizza

la hamburguesa

hamburguesa

el sándwich

sándwich

el churrasco

filete

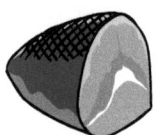

el jamón

jamón

el salame

salami

la salchicha

salchicha

el pollo

pollo

el asado

asado

el pescado

pescado

los copos de avena

copos de avena

el muesli

muesli

los copos de maíz

copos de maíz

la harina

harina

la medialuna

cruasán

el pancito

panecillo

el pan

pan

la tostada

tostada

las galletitas

galletas

la manteca

mantequilla

la cuajada

cuajada

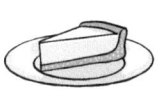

la torta

pastel

el huevo

huevo

el huevo frito

huevo frito

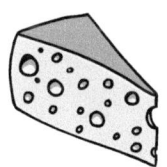

el queso

queso

el helado

helado

el azúcar

azúcar

la miel

miel

la mermelada

mermelada

la pasta de chocolate

crema de turrón

el curry

curry

la granja
granja

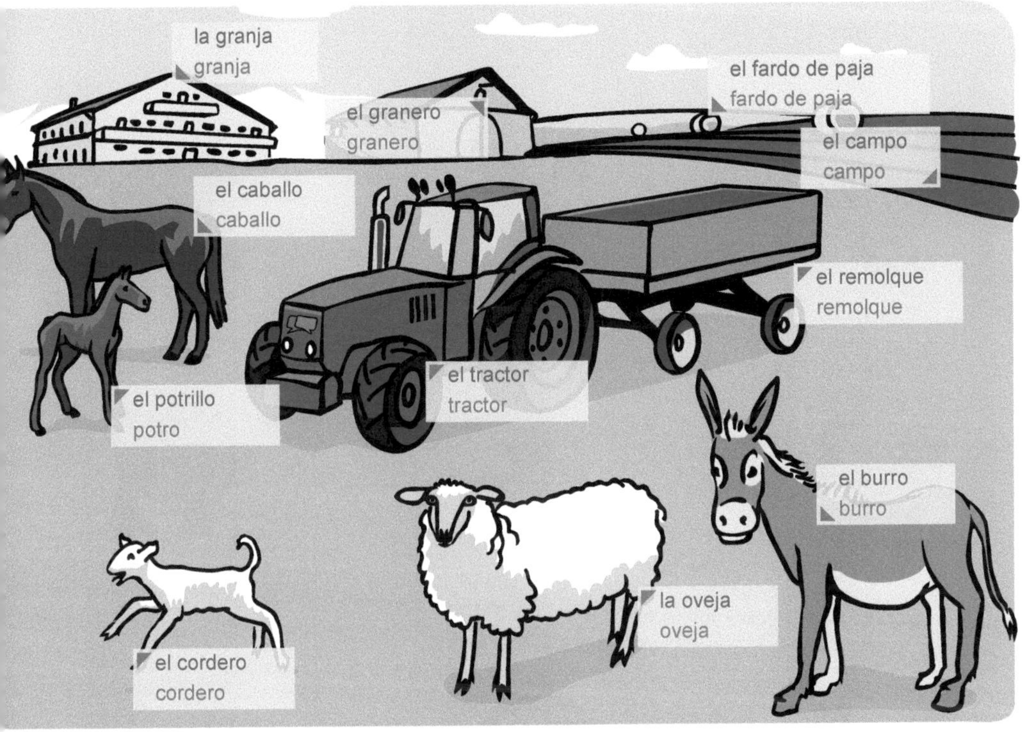
la granja
granja
el granero
granero
el fardo de paja
fardo de paja
el campo
campo
el caballo
caballo
el remolque
remolque
el tractor
tractor
el potrillo
potro
el burro
burro
la oveja
oveja
el cordero
cordero

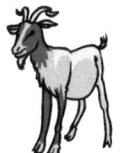

la cabra

cabra

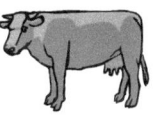

la vaca

vaca

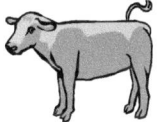

el ternero

ternero

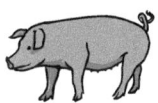

el cerdo

cerdo

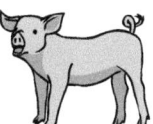

el lechón

cerdito

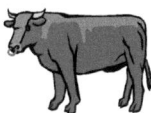

el toro

toro

el ganso

ganso

el pato

pato

el pollo

pollo

la gallina

gallina

el gallo

gallo

la rata

rata

el gato

gato

el ratón

ratón

el buey

buey

el perro

perro

la cucha

perrera

la manguera

manguera

la regadera

regadera

la guadaña

guadaña

el arado

arado

la hoz
hoz

la azada
azada

la horquilla
horca

el hacha
hacha

la carretilla
carretilla

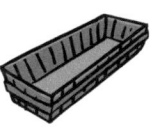

el abrevadero
abrevadero

la lechera
lechera

la bolsa
saco

la reja
valla

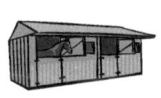

el establo
establo

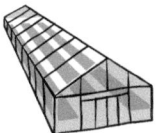

el invernadero
invernadero

el suelo
suelo

la semilla
semilla

el fertilizador
fertilizador

la cosechadora
cosechadora

cosechar

cosechar

la cosecha

cosecha

las batatas

ñame

el trigo

trigo

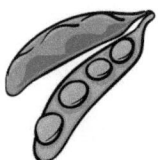

la soja

soja

la papa

patata

el maíz

maíz

la semilla de colza

semilla de colza

el árbol frutal

árbol frutal

la mandioca

mandioca

los cereales

cereales

la casa
casa

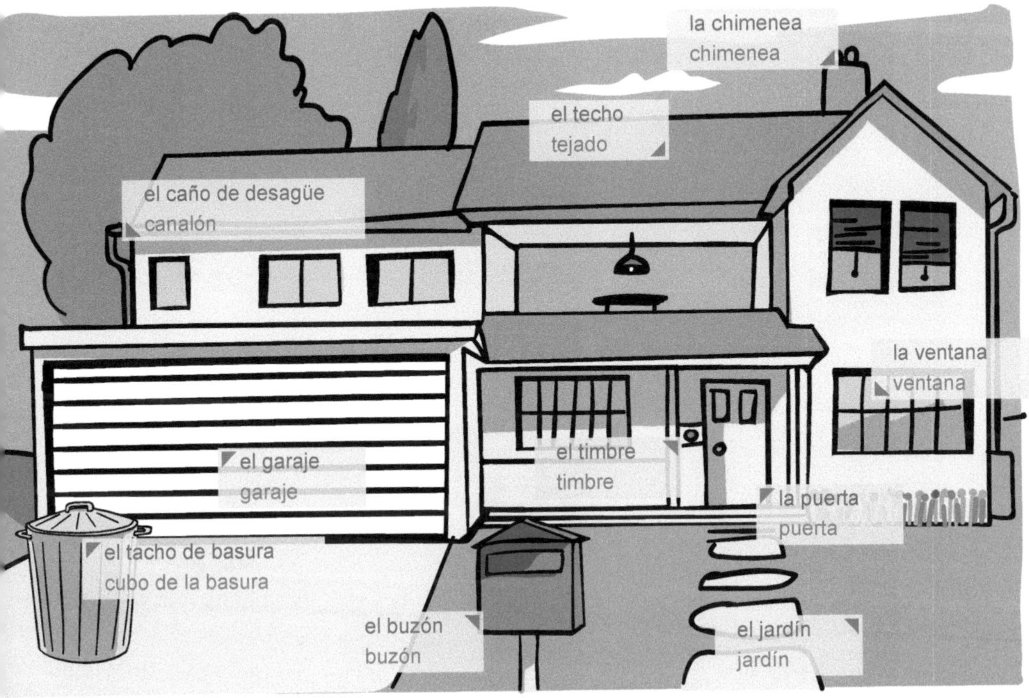
la chimenea
chimenea
el techo
tejado
el caño de desagüe
canalón
la ventana
ventana
el garaje
garaje
el timbre
timbre
la puerta
puerta
el tacho de basura
cubo de la basura
el buzón
buzón
el jardín
jardín

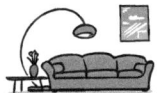

el living
sala

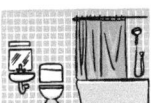

el baño
cuarto de baño

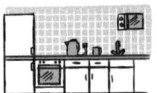

la cocina
cocina

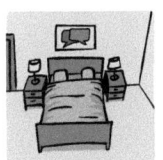

el dormitorio
dormitorio

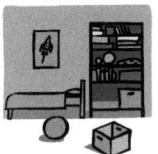

el cuarto de los chicos
habitación de los niños

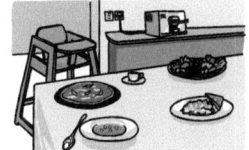

el comedor
comedor

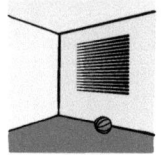

el piso

suelo

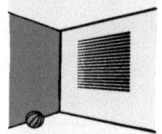

la pared

pared

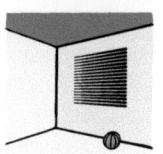

el cielorraso

techo

el sótano

sótano

el sauna

sauna

el balcón

balcón

la terraza

terraza

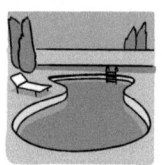

la pileta

piscina

la cortadora de pasto

cortacésped

la sábana

sábana

el acolchado

colcha

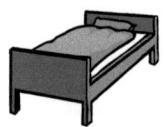

la cama

cama

la escoba

escoba

el balde

balde

el interruptor

interruptor

el living
sala

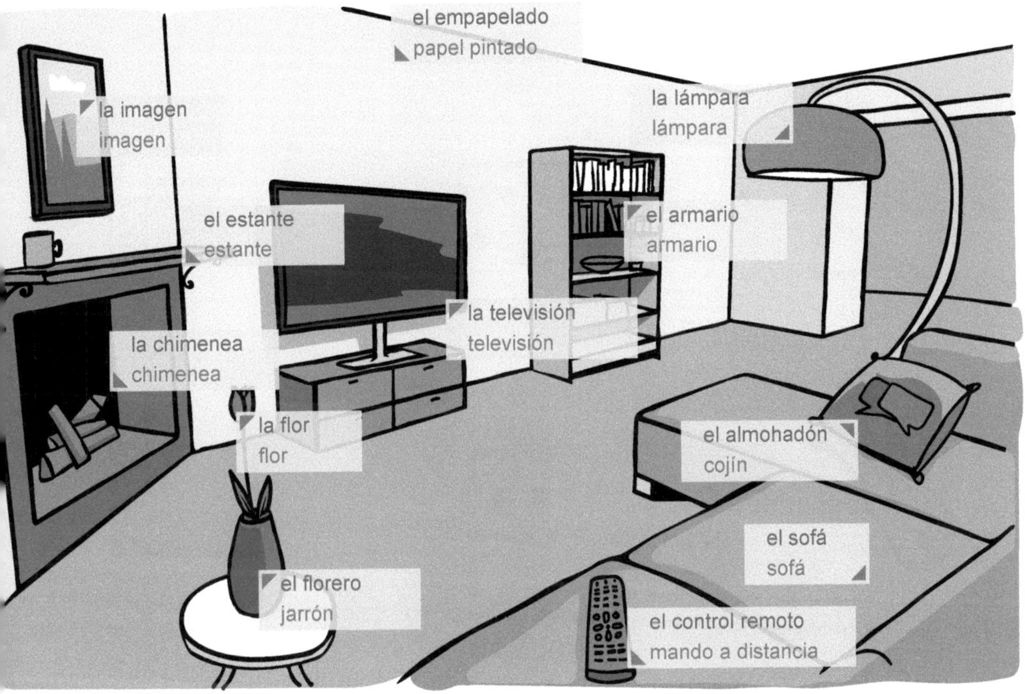
el empapelado
papel pintado
la imagen
imagen
la lámpara
lámpara
el estante
estante
el armario
armario
la televisión
televisión
la chimenea
chimenea
la flor
flor
el almohadón
cojín
el sofá
sofá
el florero
jarrón
el control remoto
mando a distancia

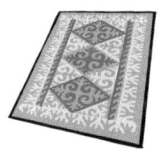

la alfombra

alfombra

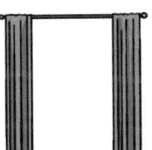

la cortina

cortina

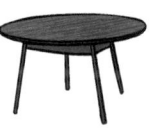

la mesa

mesa

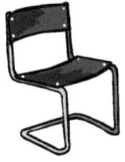

la silla

silla

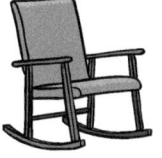

la mecedora

mecedora

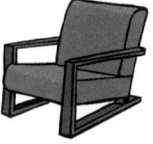

el sillón

butaca

el libro

libro

la frazada

manta

la decoración

decoración

la leña

leña

la película

película

el equipo de música

equipo de música

la llave

llave

el diario

periódico

la pintura

pintura

el póster

póster

la radio

radio

el cuaderno

cuaderno

la aspiradora

aspiradora

el cactus

cactus

la vela

vela

la cocina
cocina

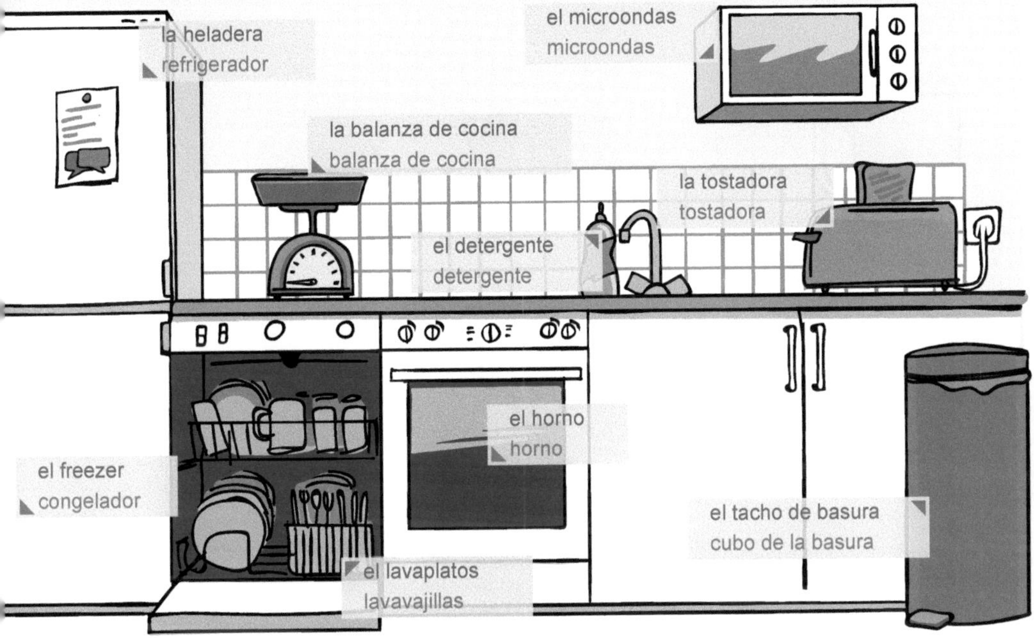

la heladera
refrigerador
el microondas
microondas
la balanza de cocina
balanza de cocina
la tostadora
tostadora
el detergente
detergente
el horno
horno
el freezer
congelador
el tacho de basura
cubo de la basura
el lavaplatos
lavavajillas

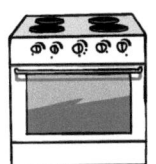

la cocina

olla a presión

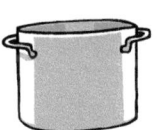

la olla

olla

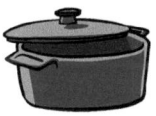

la olla de hierro fundido

olla de hierro fundido

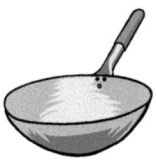

el wok

wok / karahi

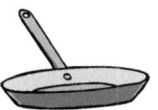

la sartén

cazuela

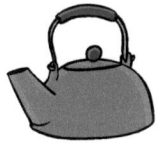

la pava

hervidor

la vaporera

vaporera

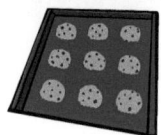

la bandeja de horno

chapa de horno

la vajilla

vajilla

la taza

taza

el bol

tazón

los palitos

palillos

el cucharón

cucharón

la espátula

espumadera

la batidora

batidor

el colador

colador

el colador

cedazo

el rallador

rallador

el mortero

mortero

la parrilla

barbacoa

la fogata

hoguera

la tabla de picar

tabla de picar

el palo de amasar

rodillo

el sacacorchos

sacacorchos

la lata

lata

el abrelatas

abrelatas

la manopla

agarrador

la pileta

lavabo

el cepillo

cepillo

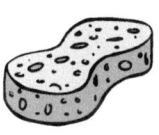

la esponja

esponja

la batidora

batidora

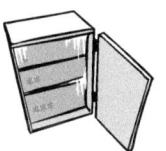

el congelador

congelador

la mamadera

biberón

la canilla

grifo

el baño

cuarto de baño

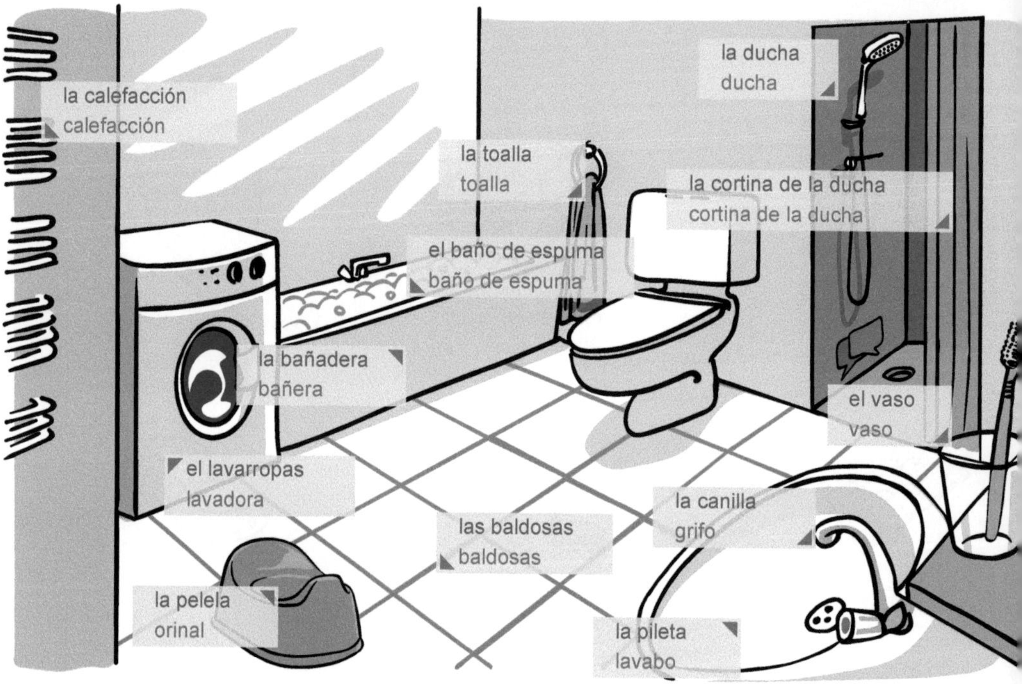

la calefacción
calefacción
la ducha
ducha
la toalla
toalla
la cortina de la ducha
cortina de la ducha
el baño de espuma
baño de espuma
la bañadera
bañera
el vaso
vaso
el lavarropas
lavadora
la canilla
grifo
las baldosas
baldosas
la pelela
orinal
la pileta
lavabo

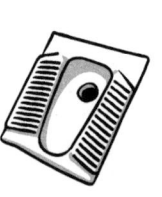

el inodoro

inodoro

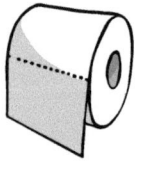

la letrina

inodoro rústico

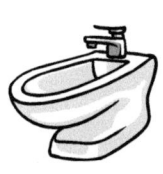

el bidé

bidé

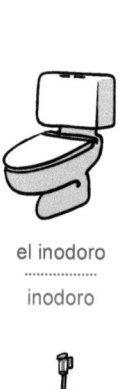

el mingitorio

urinario

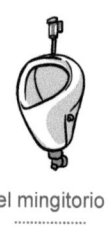

el papel higiénico

papel higiénico

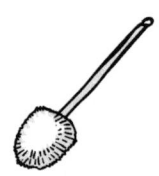

el cepillo para el inodoro

escobilla del váter

el cepillo de dientes

cepillo de dientes

el dentífrico

pasta de dientes

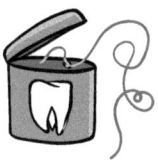

el hilo dental

hilo dental

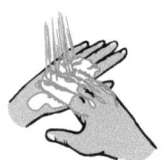

lavar

lavar

la ducha de mano

ducha de mano

la ducha higiénica

ducha íntima

la palangana

pila

el cepillo para la espalda

cepillo de espalda

el jabón

jabón

el gel de ducha

gel de ducha

el shampoo

champú

la toallita

toallita

el desagüe

desagüe

la crema

crema

el desodorante

desodorante

el espejo

espejo

el espejito

espejo de tocador

la maquinita de afeitar

maquinilla de afeitar

la espuma de afeitar

espuma de afeitar

el aftershave

loción postafeitado

el peine

peine

el cepillo

cepillo

el secador de pelo

secador

el spray

laca

el maquillaje

maquillaje

el lápiz de labios

pintalabios

el esmalte para uñas

pintauñas

el algodón

algodón

la tijera para uñas

cortauñas

el perfume

perfume

el portacosméticos

estuche de viaje

la banqueta

banqueta

la balanza

balanza

la bata

albornoz

los guantes de goma

guantes de goma

el tampón

tampón

la toallita femenina

compresa

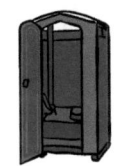

el baño químico

inodoro químico

el cuarto de los chicos
habitación de los niños

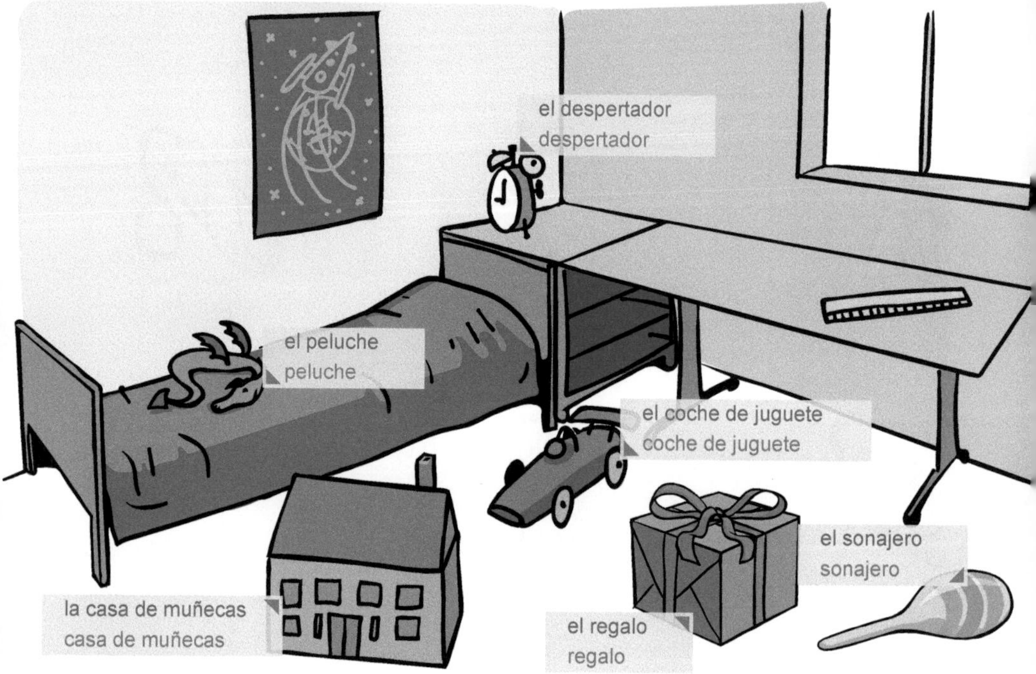
el despertador
despertador
el peluche
peluche
el coche de juguete
coche de juguete
el sonajero
sonajero
la casa de muñecas
casa de muñecas
el regalo
regalo

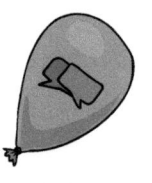

el globo
globo

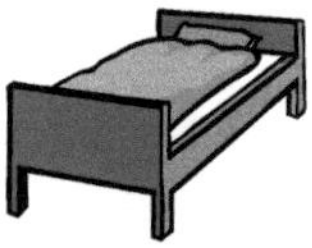

la cama
cama

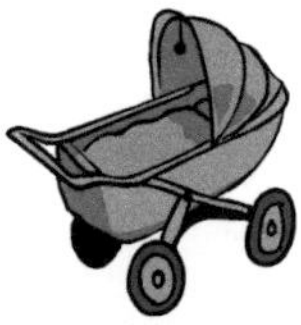

el cochecito
coche de niño

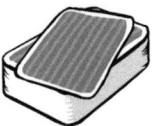

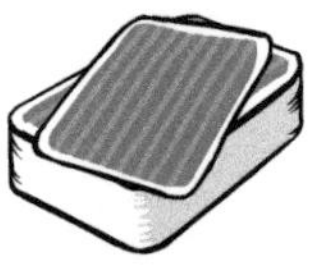

las cartas
naipes

el rompecabezas
puzle

SUPER MEGA

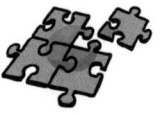

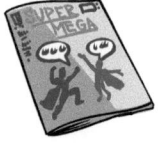

la historieta
tebeo

las piezas de lego

piezas de lego

los ladrillos de juguete

bloques de juguete

la figura de acción

figura de acción

el enterito (de bebé)

bodi (de bebé)

el frisbee

frisbee

el móvil para bebés

colgador móvil para bebés

el juego de mesa

juego de mesa

los dados

dados

el tren eléctrico

circuito de tren eléctrico

el chupete

maniquí

la fiesta

fiesta

el libro de cuentos ilustrado

álbum de fotos

la pelota

pelota

la muñeca

muñeca

jugar

jugar

el arenero

cajón de arena

la hamaca

columpio

los juguetes

juguetes

la consola de videojuegos

videoconsola

el triciclo

triciclo

el osito de peluche

oso de peluche

el armario

guardarropa

la ropa

ropa

las medias

calcetines

las medias panty

medias

las calzas

leotardos

la bufanda
bufanda

el paraguas
paraguas

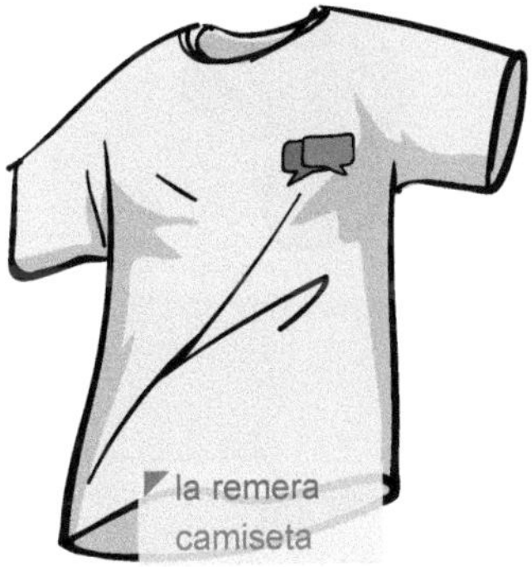

el cinturón
cinturón

la remera
camiseta

las botas
botas

las pantuflas
zapatillas

las zapatillas
deportivas

las sandalias
....
sandalias

los zapatos
....
zapatos

las botas de goma
....
botas de goma

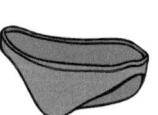

la ropa interior
....
slip

el corpiño
....
sostén

el chaleco
....
chaleco

el body
bodi

los pantalones
pantalones

los jeans
vaqueros

la pollera
falda

la blusa
blusa

la camisa
camisa

el pulóver
jersey

el buzo
suéter

el blazer
blazer

la campera
chaqueta

el tapado
abrigo

el piloto
gabardina

el traje
traje

el vestido
vestido

el vestido de novia
vestido de novia

el traje

traje

el camisón

camisón

el pijama

pijama

el sari

sari

el pañuelo para la cabeza

bandana

el turbante

turbante

la burka

burka

el caftán

caftán

la abaya

abaya

el traje de baño

traje de baño

el short de baño

bañador

los shorts

pantalones cortos

el jogging

chándal

el delantal

delantal

los guantes

guantes

la ropa - ropa

el botón

botón

los anteojos

gafas

la pulsera

brazalete

el collar

collar

el anillo

anillo

el aro

pendiente

la gorra

gorra

la percha

percha

el sombrero

sombrero

la corbata

corbata

el cierre

cremallera

el casco

casco

los tiradores

tirantes

el uniforme escolar

uniforme escolar

el uniforme

uniforme

el babero
....
babero

el chupete
....
maniquí

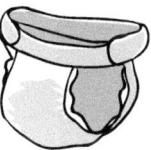

el pañal
....
pañal

la oficina
oficina

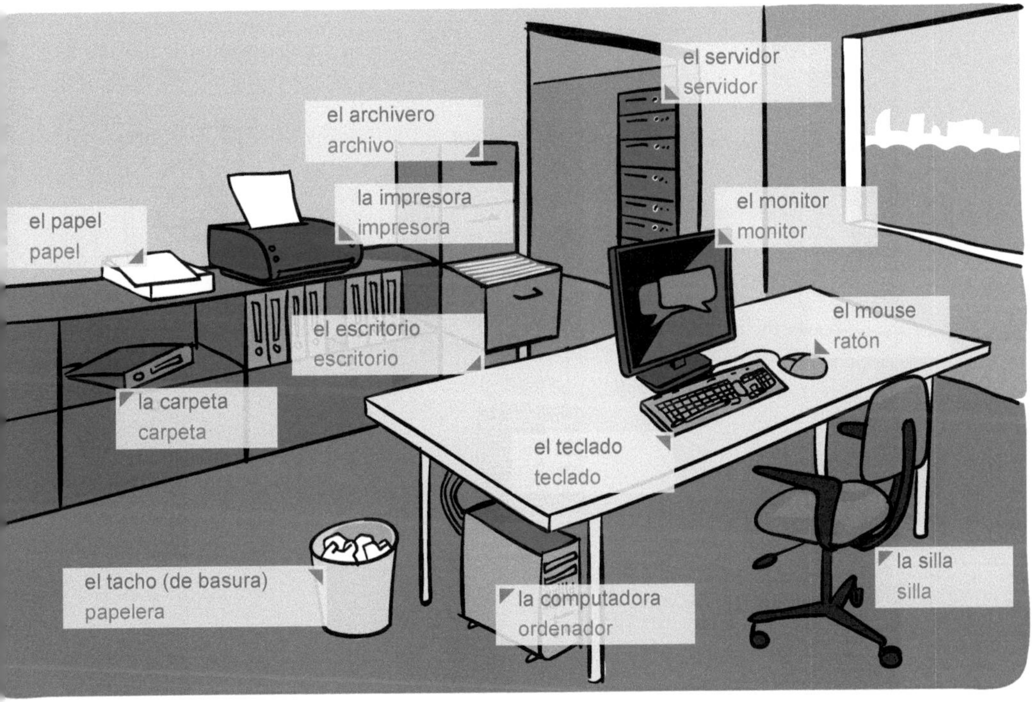

el servidor
servidor

el archivero
archivo

la impresora
impresora

el monitor
monitor

el papel
papel

el escritorio
escritorio

el mouse
ratón

la carpeta
carpeta

el teclado
teclado

el tacho (de basura)
papelera

la silla
silla

la computadora
ordenador

la taza de café
....
taza de café

la calculadora
....
calculadora

el internet
....
internet

la laptop

portátil

la carta

carta

el mensaje

mensaje

el celular

móvil

la red

red

la fotocopiadora

fotocopiadora

el software

software

el teléfono

teléfono

el tomacorriente

toma de corriente

el fax

fax

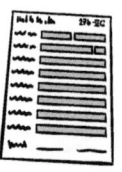

el formulario

formulario

el documento

documento

comprar

comprar

pagar

pagar

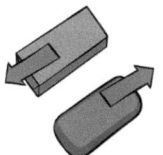

hacer negocios

comerciar

el dinero

dinero

el dólar

dólar

el euro

euro

el yen

yen

el rublo

rublo

el franco suizo

franco suizo

el yuan

renminbi yuan

la rupia

rupia

el cajero automático

cajero automático

la casa de cambio

oficina de cambio de divisas

el oro

oro

la plata

plata

el petróleo

petróleo

la energía

energía

el precio

precio

el contrato

contrato

el impuesto

impuesto

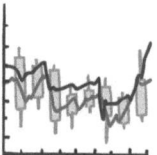

la acción

acción

trabajar

trabajar

el empleado

empleado

el empleador

empleador

la fábrica

fábrica

el negocio

tienda

las ocupaciones
oficios

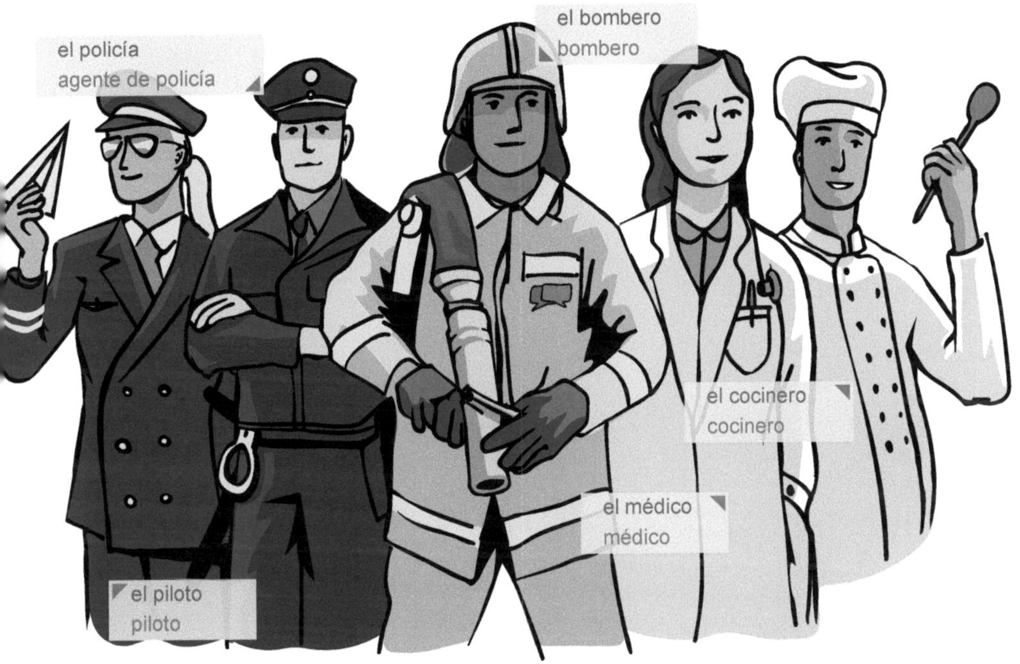

el bombero
bombero
el policía
agente de policía
el cocinero
cocinero
el médico
médico
el piloto
piloto

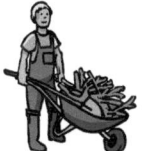

el jardinero

jardinero

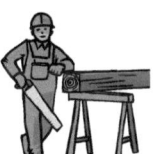

el carpintero

carpintero

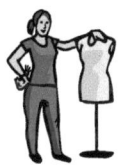

la modista

costurera

el juez

juez

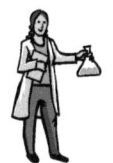

el farmacéutico

farmacéutico

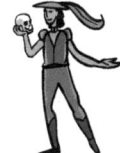

el actor

actor

el colectivero

conductor de autobús

el taxista

taxista

el pescador

pescador

la mucama

señora de la limpieza

el techista

techador

el mozo

camarero

el cazador

cazador

el pintor

pintor

el panadero

panadero

el electricista

electricista

el albañil

obrero

el ingeniero

ingeniero

el carnicero

carnicero

el plomero

fontanero

el cartero

cartero

el soldado

soldado

el arquitecto

arquitecto

el cajero

cajero

el florista

florista

el peluquero

peluquero

el cobrador

revisor

el mecánico

mecánico

el capitán

capitán

el dentista

dentista

el científico

científico

el rabino

rabino

el imán

imán

el monje

monje

el sacerdote

sacerdote

las ocupaciones - oficios

las herramientas
herramientas

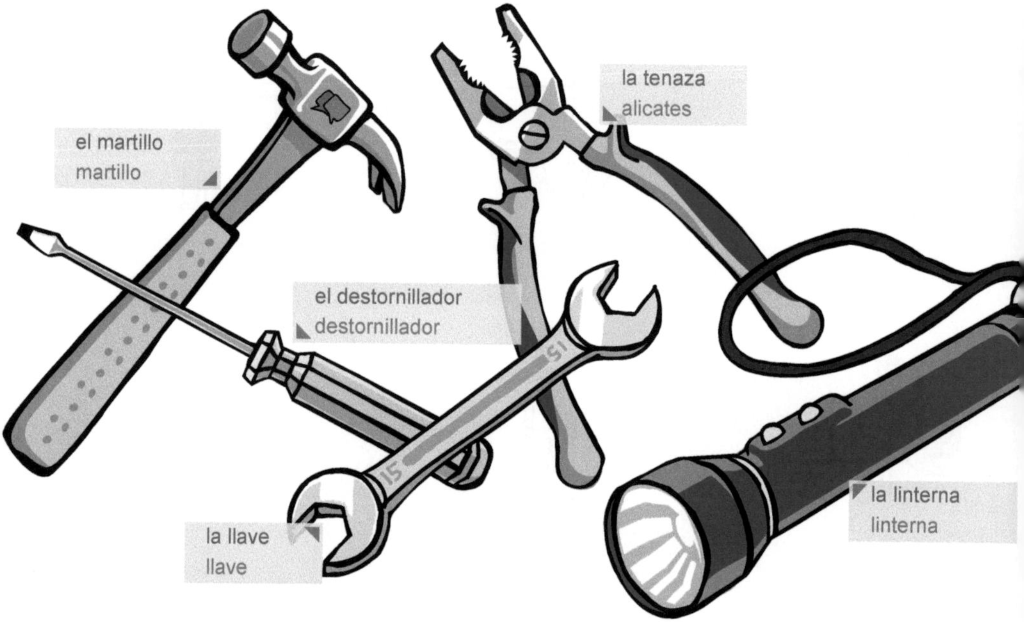

el martillo
martillo
la tenaza
alicates
el destornillador
destornillador
la llave
llave
la linterna
linterna

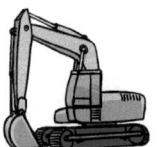

la excavadora

excavadora

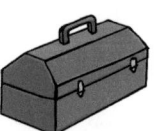

la caja de herramientas

caja de herramientas

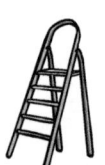

la escalera portátil

escalera de mano

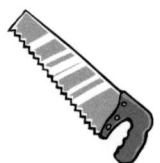

la sierra

sierra

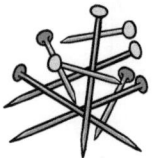

los clavos

clavos

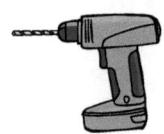

el taladro

taladro

arreglar

reparar

la pala de jardín

pala

¡Qué bronca!

¡Maldita sea!

la pala de plástico

recogedor

el tacho de pintura

bote de pintura

los tornillos

tornillos

los instrumentos musicales

instrumentos musicales

la batería
batería

el parlante
altavoz

la guitarra
guitarra

el contrabajo
contrabajo

la trompeta
trompeta

el piano

piano

el violín

violín

el bajo

bajo

los timbales

timbales

el tambor

tambor

el teclado

teclado

el saxofón

saxofón

la flauta

flauta

el micrófono

micrófono

el zoológico

zoo

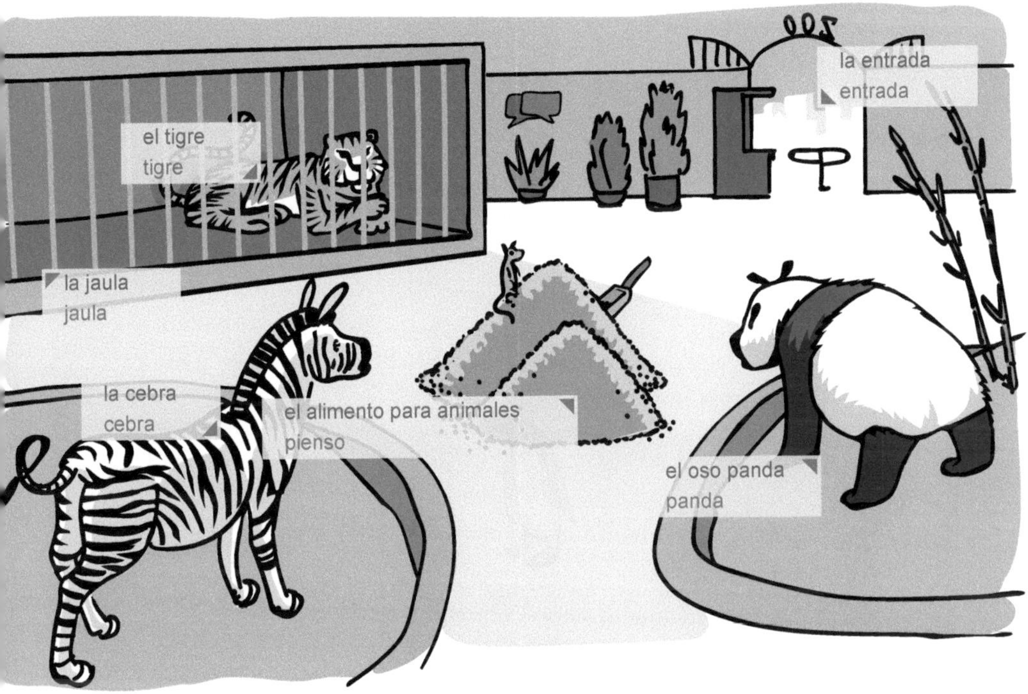
la entrada
entrada
el tigre
tigre
la jaula
jaula
la cebra
cebra
el alimento para animales
pienso
el oso panda
panda

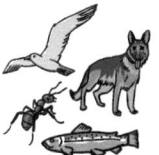

los animales

animales

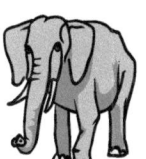

el elefante

elefante

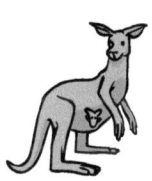

el canguro

canguro

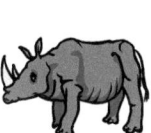

el rinoceronte

rinoceronte

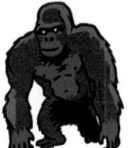

el gorila

gorila

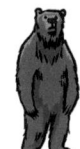

el oso

oso

el camello

camello

el avestruz

avestruz

el león

león

el mono

mono

el flamenco

flamingo

el loro

loro

el oso polar

oso polar

el pingüino

pingüino

el tiburón

tiburón

el pavo real

pavo real

la serpiente

serpiente

el cocodrilo

cocodrilo

el cuidador del zoológico

guardián de zoológico

la foca

foca

el jaguar

jaguar

el poni

poni

el leopardo

leopardo

el hipopótamo

hipopótamo

la jirafa

jirafa

el águila

águila

el jabalí

jabalí

el pescado

pescado

la tortuga

tortuga

la morsa

morsa

el zorro

zorro

la gacela

gacela

el zoológico - zoo

deportes

el fútbol americano
fútbol americano

el ciclismo
ciclismo

el tenis
tenis

el básquet
baloncesto

la natación
natación

el boxeo
boxeo

el hockey sobre hielo
hockey sobre hielo

el fútbol
fútbol

el bádminton
bádminton

el atletismo
atletismo

el handball
balonmano

el esquí
esquí

el polo
polo

las actividades
actividades

saltar
saltar
abrazar
abrazar
reír
reír
caminar
caminar
cantar
cantar
soñar
soñar
rezar
rezar
besar
besar

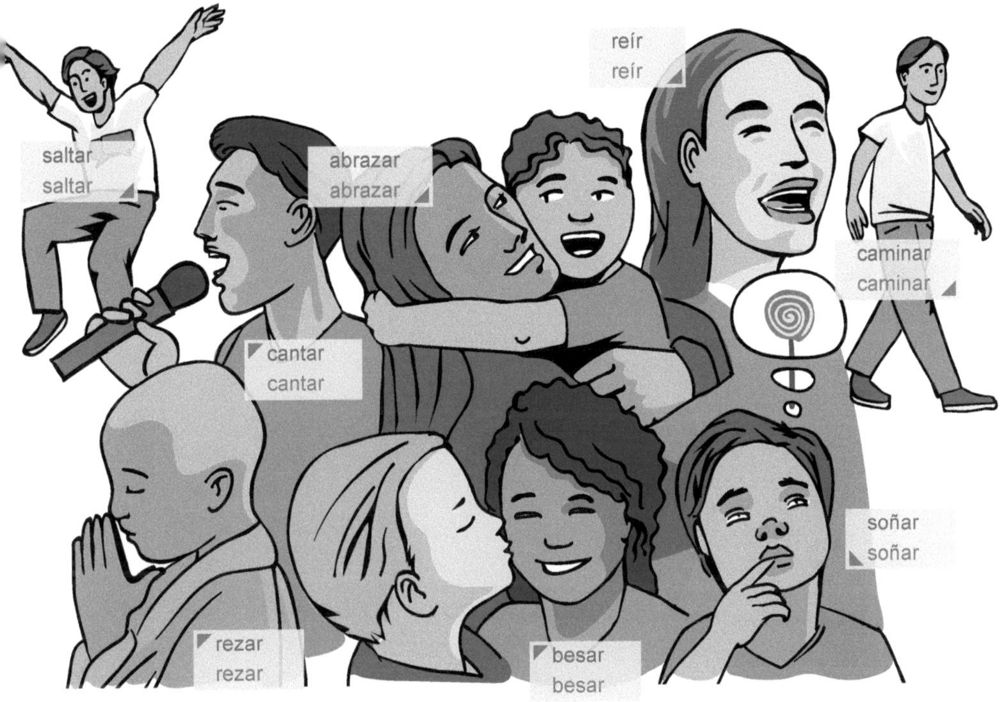

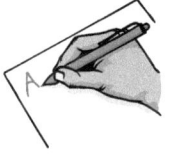

escribir
escribir

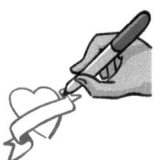

dibujar
dibujar

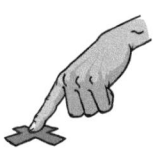

mostrar
mostrar

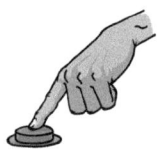

presionar
empujar

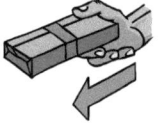

dar
dar

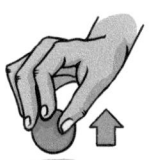

tomar
tomar

tener

tener

hacer

hacer

ser

ser

estar parado

estar de pie

correr

correr

tirar

tirar

tirar

tirar

caer

caer

estar acostado

yacer

esperar

esperar

llevar

llevar

estar sentado

estar sentado

vestirse

vestirse

dormir

dormir

despertar

despertar

mirar
mirar

llorar
llorar

acariciar
acariciar

peinar
peinar

hablar
hablar

entender
entender

preguntar
preguntar

escuchar
escuchar

beber
beber

comer
comer

ordenar
ordenar

amar
amar

cocinar
cocinar

manejar
conducir

volar
volar

navegar

navegar

calcular

calcular

leer

leer

aprender

aprender

trabajar

trabajar

casarse

casarse

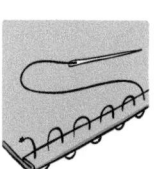

coser

coser

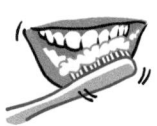

cepillarse los dientes

cepillarse los dientes

matar

matar

fumar

fumar

enviar

enviar

la familia
familia

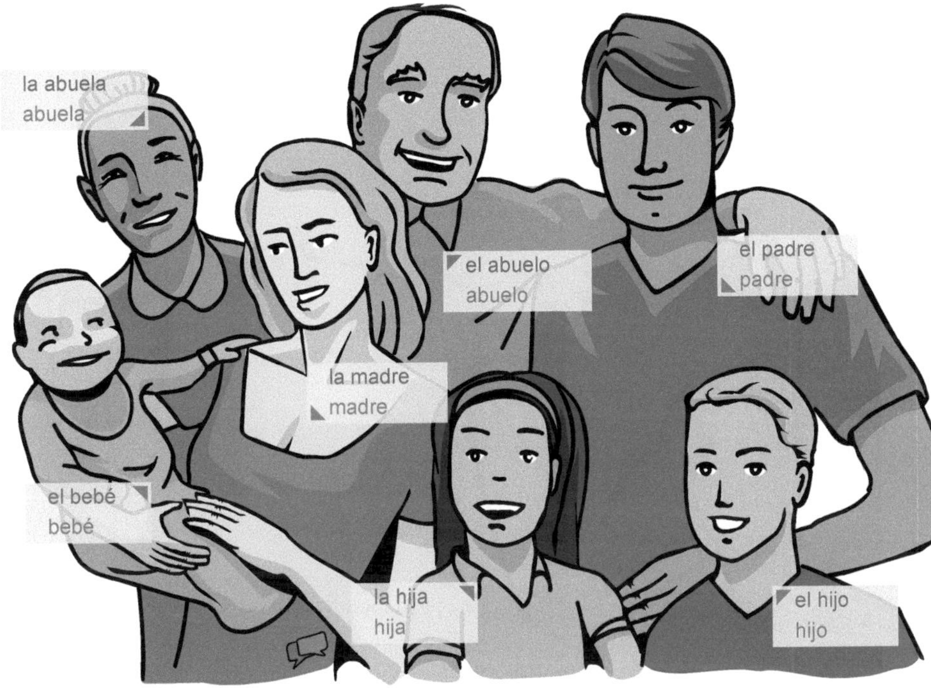

la abuela
abuela
el abuelo
abuelo
el padre
padre
la madre
madre
el bebé
bebé
la hija
hija
el hijo
hijo

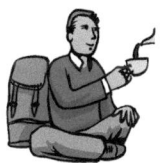

el invitado

invitado

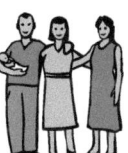

la tía

tía

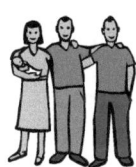

el tío

tío

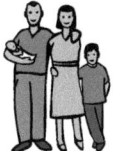

el hermano

hermano

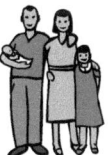

la hermana

hermana

el cuerpo
cuerpo

la frente
frente
el ojo
ojo
el hombro
hombro
el dedo
dedo
la cara
cara
la pera
barbilla
la mano
mano
la pierna
pierna
el pecho
pecho
el brazo
brazo

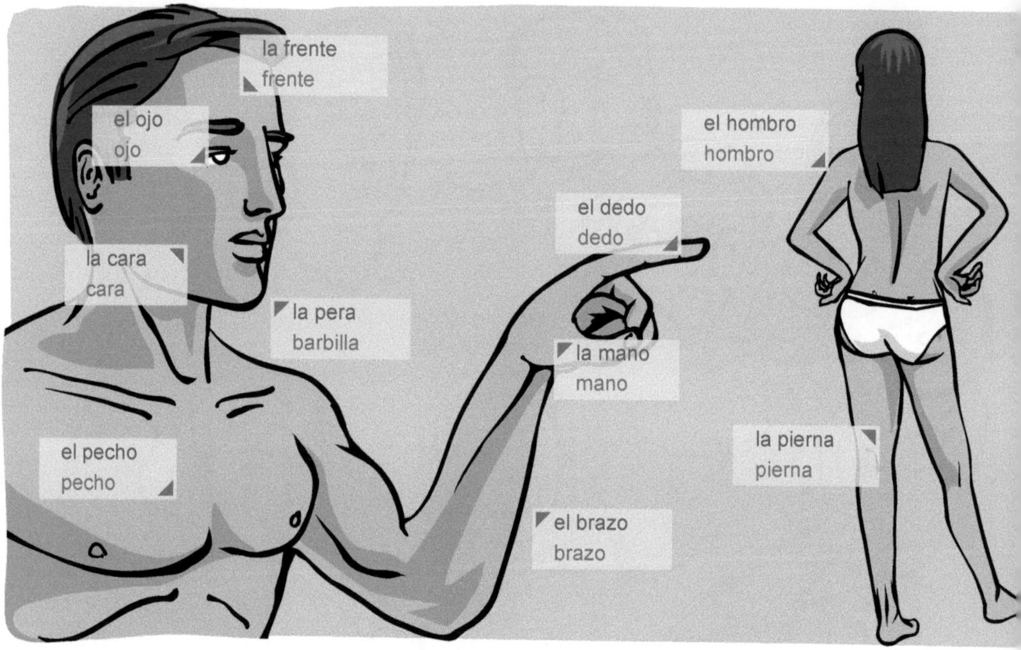

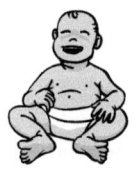

el bebé
bebé

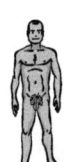

el hombre
hombre

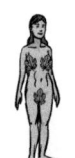

la mujer
mujer

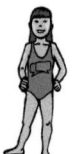

la nena
chica

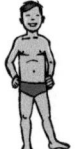

el nene
chico

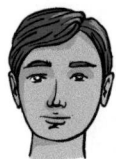

la cabeza
cabeza

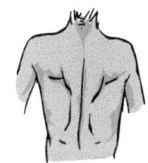

la espalda

espalda

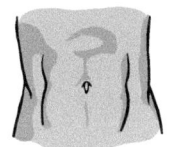

la panza

vientre

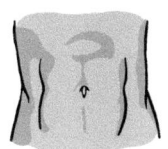

el ombligo

ombligo

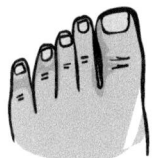

el dedo del pie

dedo del pie

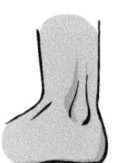

el talón

talón

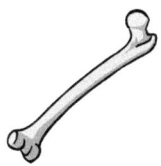

el hueso

hueso

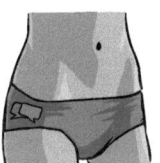

la cadera

cadera

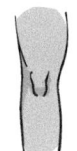

la rodilla

rodilla

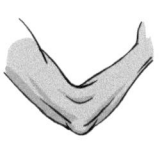

el codo

codo

la nariz

nariz

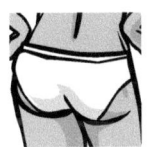

la cola

trasero

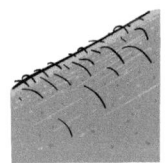

la piel

piel

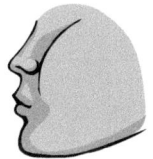

el cachete

mejilla

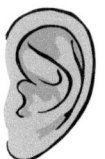

la oreja

oído

el labio

labio

la boca

boca

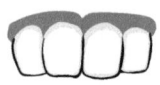

el diente

diente

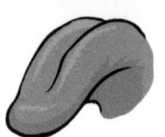

la lengua

lengua

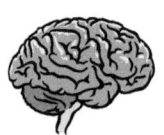

el cerebro

cerebro

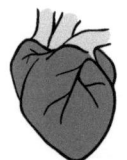

el corazón

corazón

el músculo

músculo

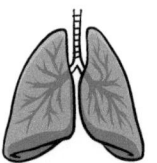

el pulmón

pulmón

el hígado

hígado

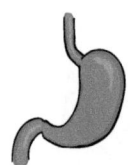

el estómago

estómago

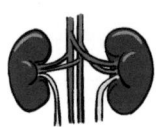

los riñones

riñones

el sexo

sexo

el preservativo

condón

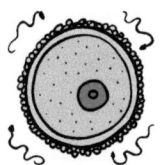

el óvulo

ovario

el semen

semen

el embarazo

embarazo

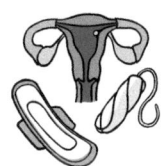

la menstruación

menstruación

la vagina

vagina

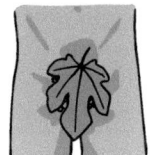

el pene

pene

la ceja

ceja

el pelo

pelo

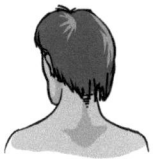

el cuello

cuello

el hospital
hospital

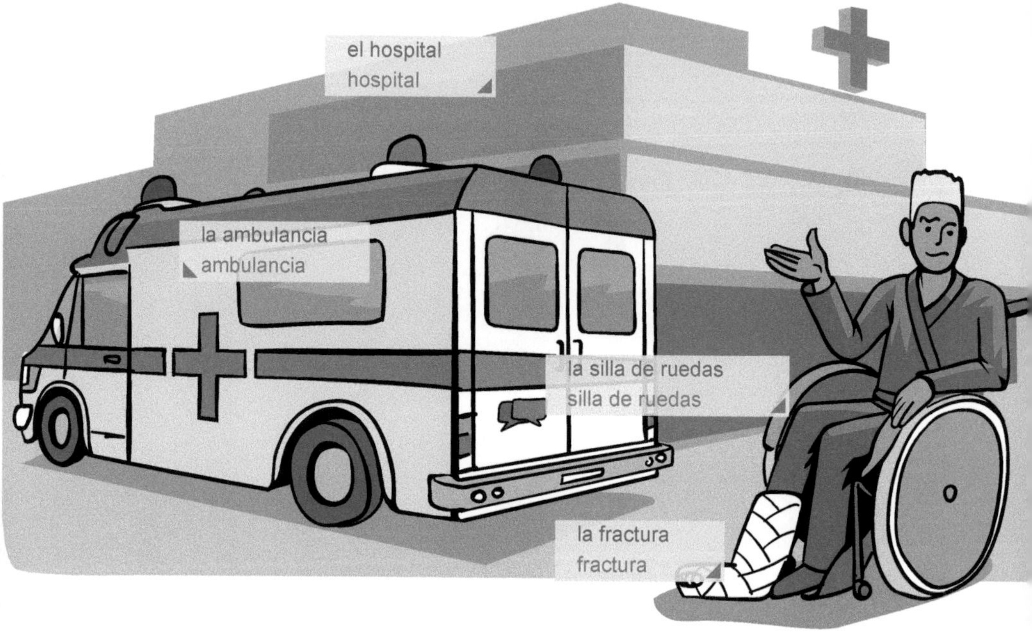

el hospital
hospital
la ambulancia
ambulancia
la silla de ruedas
silla de ruedas
la fractura
fractura

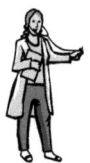

el médico

médico

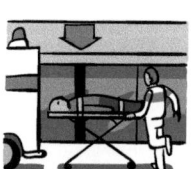

la sala de guardia

sala de urgencias

la enfermera

enfermera

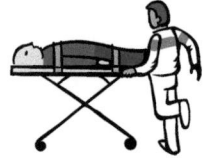

la emergencia

urgencia

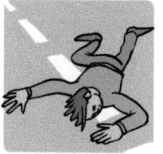

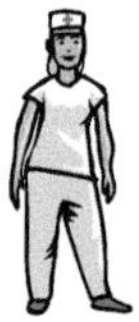

inconsciente

inconsciente

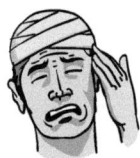

el dolor

dolor

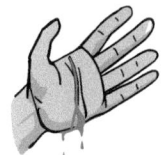

la lesión

lesión

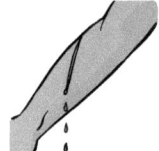

la hemorragia

hemorragia

el infarto

infarto

el ACV

ictus

la alergia

alergia

la tos

tos

la fiebre

fiebre

la gripe

gripe

la diarrea

diarrea

el dolor de cabeza

dolor de cabeza

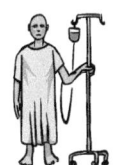

el cáncer

cáncer

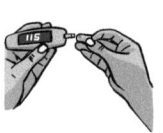

la diabetes

diabetes

el cirujano

cirujano

el bisturí

bisturí

la operación

operación

la TC

TAC

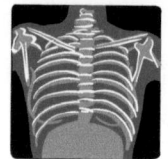

los rayos x

rayos x

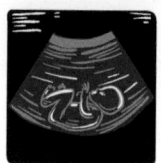

la ecografía

ultrasonido

el barbijo

mascarilla

la enfermedad

enfermedad

la sala de espera

sala de espera

la muleta

muleta

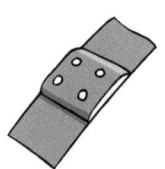

la curita

tirita

la venda

venda

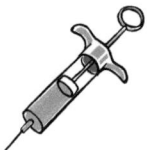

la inyección

inyección

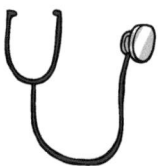

el estetoscopio

estetoscopio

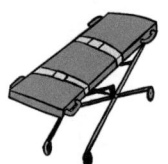

la camilla

camilla

el termómetro

termómetro

el nacimiento

nacimiento

el sobrepeso

sobrepeso

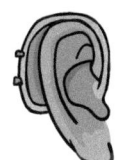

el audífono

audífono

el desinfectante

desinfectante

la infección

infección

el virus

virus

el VIH / SIDA

VIH / SIDA

el remedio

medicina

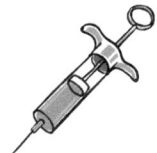

la vacunación

vacunación

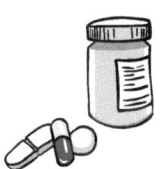

los comprimidos

tabletas

la pastilla anticonceptiva

pastilla

la llamada de emergencia

llamada de urgencia

el tensiómetro

tensiómetro

enfermo / sano

enfermo / sano

¡Ayuda!

la alarma

la agresión

¡Socorro!

alarma

asalto

el ataque

el peligro

la salida de emergencia

ataque

peligro

salida de emergencia

¡Fuego!

el matafuego

el accidente

¡Fuego!

extintor de incendios

accidente

el botiquín de primeros auxilios

el SOS

la policía

botiquín de primeros auxilios

SOS

policía

Europa

Europa

América del Norte

Norteamérica

América del Sur

Sudamérica

África

África

Asia

Asia

Australia

Australia

el Atlántico

Atlántico

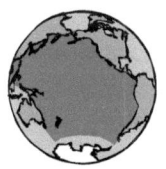

el Pacífico

Pacífico

el Océano Índico

Océano Índico

el Océano Antártico

Océano Antártico

el Océano Ártico

Océano Ártico

el polo norte

polo norte

el polo sur

polo sur

la Antártida

Antártida

la Tierra

tierra

la tierra

tierra

el mar

mar

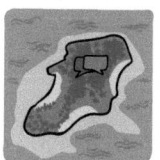

la isla

isla

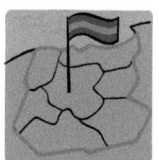

la nación

nación

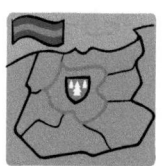

el estado

estado

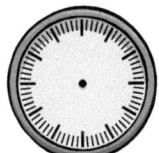

la esfera

esfera

la manecilla de las horas

manecilla de las horas

el minutero

minutero

el segundero

segundero

¿Qué hora es?

¿Qué hora es?

el día

día

la hora

tiempo

ahora

ahora

el reloj digital

reloj digital

el minuto

minuto

la hora

hora

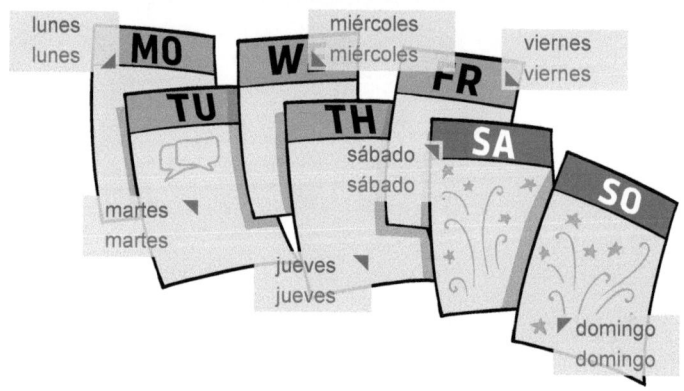

lunes
lunes

miércoles
miércoles

viernes
viernes

martes
martes

sábado
sábado

jueves
jueves

domingo
domingo

ayer

ayer

hoy

hoy

mañana

mañana

la mañana

mañana

el mediodía

mediodía

la tarde

tarde

los días hábiles

días laborables

el fin de semana

fin de semana

el año
año

la lluvia
lluvia
el arco iris
arcoíris
el viento
viento
la nieve
nieve
la primavera
primavera
el verano
verano
el otoño
otoño
el invierno
invierno

4.APRIL 11°
5.APRIL 4°
6.APRIL 13°
7.APRIL 8°
8.APRIL 10°

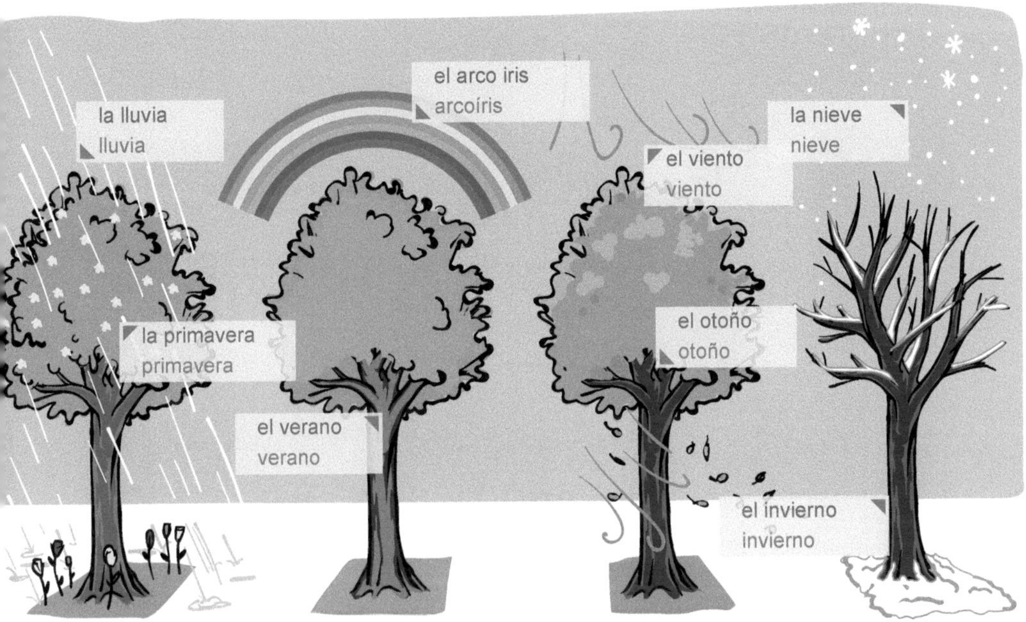

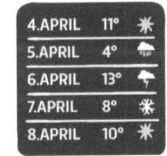

el pronóstico meteorológico

pronóstico del tiempo

F C
120 40
90 30
60 20
30 10
0 0
-30 -10
-20

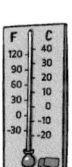

el termómetro

termómetro

la luz del sol

sol

la nube

nube

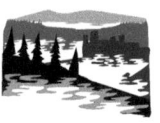

la niebla

niebla

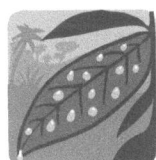

la humedad

humedad

el rayo

rayo

el trueno

trueno

la tormenta

tormenta

el granizo

granizo

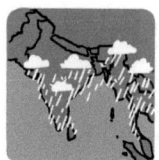

el monzón

monzón

la inundación

inundación

el hielo

hielo

enero

enero

febrero

febrero

marzo

marzo

abril

abril

mayo

mayo

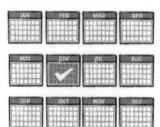

junio

junio

julio

julio

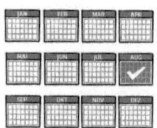

agosto

agosto

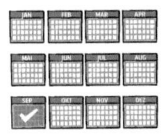

septiembre

septiembre

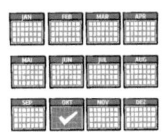

octubre

octubre

noviembre

noviembre

diciembre

diciembre

las formas

formas

el círculo

círculo

el cuadrado

cuadrado

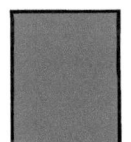

el rectángulo

rectángulo

el triángulo

triángulo

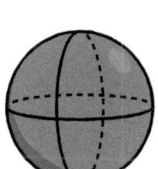

la esfera

esfera

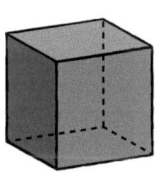

el cubo

cubo

blanco

blanco

amarillo

amarillo

naranja

anaranjado

rosa

rosa

rojo

rojo

violeta

morado

azul

azul

verde

verde

marrón

marrón

gris

gris

negro

negro

mucho / poco

mucho / poco

enojado / tranquilo

enojado / tranquilo

lindo / feo

bonito / feo

el principio / el fin

principio / fin

grande / chico

grande / pequeño

claro / oscuro

claro / oscuro

el hermano / la hermana

hermano / hermana

limpio / sucio

limpio / sucio

completo / incompleto

completo / incompleto

el día / la noche

día / noche

muerto / vivo

muerto / vivo

ancho / angosto

ancho / estrecho

comestible / no comestible

comestible / no comestible

malo / amable

malo / amable

entusiasmado / aburrido

entusiasmado / aburrido

gordo / flaco

gordo / delgado

primero / último

primero / último

el amigo / el enemigo

amigo / enemigo

lleno / vacío

lleno / vacío

duro / blando

duro / blando

pesado / liviano

pesado / ligero

el hambre / la sed

hambre / sed

enfermo / sano

enfermo / sano

ilegal / legal

ilegal / legal

inteligente / estúpido

inteligente / tonto

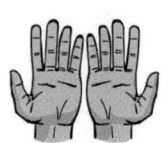

izquierda / derecha

izquierda / derecha

cerca / lejos

cerca / lejos

nuevo / usado

nuevo / usado

nada / algo

nada / algo

viejo / joven

viejo / joven

encendido / apagado

encendido / apagado

abierto / cerrado

abierto / cerrado

silencioso / ruidoso

silencioso / ruidoso

rico / pobre

rico / pobre

correcto / incorrecto

correcto / incorrecto

áspero / suave

áspero / suave

triste / contento

triste / contento

corto / largo

corto / largo

lento / rápido

lento / rápido

mojado / seco

húmedo / seco

caliente / frío

cálido / frío

guerra / paz

guerra / paz

0	**1**	**2**
cero	uno	dos
cero	uno	dos

3	**4**	**5**
tres	cuatro	cinco
tres	cuatro	cinco

6	**7**	**8**
seis	siete	ocho
seis	siete	ocho

9	**10**	**11**
nueve	diez	once
nueve	diez	once

12
doce

doce

13
trece

trece

14
catorce

catorce

15
quince

quince

16
dieciséis

dieciséis

17
diecisiete

diecisiete

18
dieciocho

dieciocho

19
diecinueve

diecinueve

20
veinte

veinte

100
cien

cien

1.000
mil

mil

1.000.000
el millón

millón

el inglés

inglés

el inglés americano

inglés americano

el chino mandarín

chino mandarín

el hindi

hindi

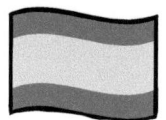

el español

español

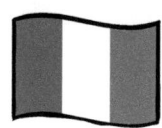

el francés

francés

el árabe

árabe

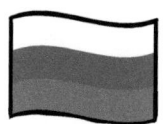

el ruso

ruso

el portugués

portugués

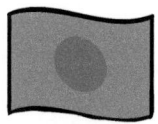

el bengalí

bengalí

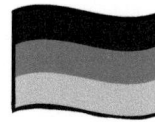

el alemán

alemán

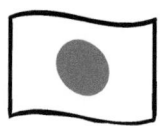

el japonés

japonés

yo

yo

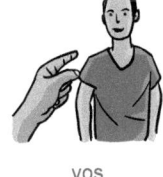

vos

tú

él / ella

él / ella / ello

nosotros

nosotros/as

ustedes

vosotros/as

ellos

ellos/as

¿quién?

¿quién?

¿qué?

¿qué?

¿cómo?

¿cómo?

¿dónde?

¿dónde?

¿cuándo?

¿cuándo?

el nombre

nombre

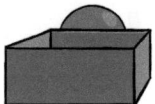

detrás

detrás

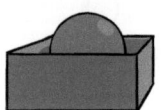

en

en

adelante de

delante de

por encima de

por encima de

sobre

sobre

debajo de

debajo de

al lado de

junto a

entre

entre

el lugar

lugar